# 국민연금공단

# 필기시험 모의고사

## [6급갑 사무직]

| 제 3 회 | 영 역 | 직업기초능력평가, 종합직무지식평가 |
|---|---|---|
| | 문항수 | 60문항, 50문항 |
| | 시 간 | 60분, 50분 |
| | 비 고 | 객관식 4지선다형, 객관식 5지선다형 |

SEOWONGAK
(주)서원각

# 제3회 기출동형 모의고사

✏️ **직업기초능력평가(60문항/60분)**

**1.** 다음 보도자료 작성 요령을 참고할 때, 적절한 보도자료 문구를 〈보기〉에서 모두 고른 것은?

---

1. 인명과 호칭
〈우리나라 사람의 경우〉
• 우리나라 사람의 인명은 한글만 쓴다. 동명이인 등 부득이한 경우에만 괄호 안에 한자를 써준다.
• 직함은 소속기관과 함께 이름 뒤에 붙여 쓴다.
• 두 명 이상의 이름을 나열할 경우에는 맨 마지막 이름 뒤에 호칭을 붙인다.
〈외국인의 경우〉
• 중국 및 일본사람의 이름은 현지음을 한글로 외래어 표기법에 맞게 쓰고 괄호 안에 한자를 쓴다. 한자가 확인이 안 될 경우에는 현지음만 쓴다.
• 기타 외국인의 이름은 현지발음을 외래어 표기법에 맞게 한글로 적고 성과 이름 사이를 띄어 쓴다.
2. 지명
• 장소를 나타내는 국내 지명은 광역시·도→시·군·구→동·읍·면·리 순으로 표기한다.
• 시·도명은 줄여서 쓴다.
• 자치단체명은 '서울시', '대구시', '경기도', '전남도' 등으로 적는다.
• 중국과 일본 지명은 현지음을 한글로 외래어 표기법에 맞게 쓰고 괄호 안에 한자를 쓴다.(확인이 안 될 경우엔 현지음과 한자 중 택1)
• 외국 지명의 번역명이 통용되는 경우 관용에 따른다.
3. 기관·단체명
• 기관이나 단체 이름은 처음 나올 때는 정식 명칭을 적고 약칭이 있으면 괄호 안에 넣어주되 행정부처 등 관행화된 것은 넣지 않는다. 두 번째 표기부터는 약칭을 적는다.
• 기관이나 단체명에 대표 이름을 써야 할 필요가 있을 때는 괄호 안에 표기한다.
• 외국의 행정부처는 '부', 부처의 장은 '장관'으로 표기한다. 단, 한자권 지역은 그 나라에서 쓰는 정식명칭을 따른다.
• 국제기구나 외국 단체의 경우 처음에는 한글 명칭과 괄호 안에 영문 약어 표기를 쓴 다음 두 번째부터는 영문 약어만 표기한다.
• 언론기관 명칭은 AP, UPI, CNN 등 잘 알려진 경우는 영문을 그대로 사용하되 잘 알려지지 않은 기관은 그 앞에 설명을 붙여 준다.
• 약어 영문 이니셜이 우리말로 굳어진 것은 우리말 발음대로 표기한다.

---

〈보기〉
㉮ '최한국 사장, 조대한 사장, 강민국 사장을 등 재계 주요 인사들은 모두 ∼'
㉯ '버락오바마 미국 대통령의 임기는 ∼'
㉰ '절강성 온주에서 열리는 박람회에는 ∼'
㉱ '국제노동기구(ILO) 창설 기념일과 때를 같이하여 ILO 회원국들은 ∼'

① ㉯
② ㉱
③ ㉮, ㉯
④ ㉮, ㉰, ㉱

**2.** 다음은 A 에어컨 업체에서 신입사원들을 대상으로 진행한 강의의 일부분이다. '가을 전도' 현상에 대한 이해도를 높이기 위해 추가 자료를 제작하였다고 할 때, 바른 것은?

호수의 물은 깊이에 따라 달라지는 온도 분포를 기준으로 세 층으로 나뉘는데, 상층부부터 표층, 중층, 그리고 가장 아래 부분인 심층이 그것입니다. 사계절이 뚜렷한 우리나라 같은 온대 지역의 깊은 호수에서는 계절에 따라 물의 상하 이동이 다른 양상을 보입니다.

여름에는 대기의 온도가 높기 때문에 표층수의 온도도 높습니다. 중층수나 심층수의 온도가 표층수보다 낮고 밀도가 상대적으로 높기 때문에 표층수의 하강으로 인한 중층수나 심층수의 이동은 일어나지 않습니다.

그런데 가을이 되면 대기의 온도가 떨어지면서 표층수의 온도가 낮아집니다. 그래서 물이 최대 밀도가 되는 4℃에 가까워지면, 약한 바람에도 표층수가 아래쪽으로 가라앉으면서 상대적으로 밀도가 낮은 아래쪽의 물이 위쪽으로 올라오게 됩니다. 이런 현상을 '가을 전도'라고 부릅니다.

겨울에는 여름과 반대로 표층수의 온도가 중층수나 심층수보다 낮지만 밀도는 중층수와 심층수가 더 높기 때문에 여름철과 마찬가지로 물의 전도 현상이 일어나지 않습니다. 그러나 봄이 오면서 얼음이 녹고 표층수의 온도가 4℃까지 오르게 되면 물의 전도 현상을 다시 관찰할 수 있습니다. 이것을 '봄 전도'라고 부릅니다.

이러한 봄과 가을의 전도 현상을 통해 호수의 물이 순환하게 됩니다.

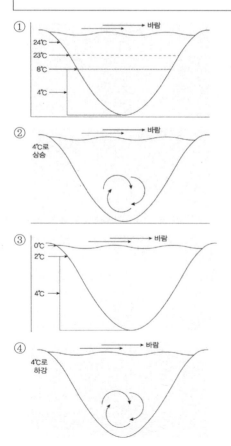

**┃3~5┃ 다음 글을 읽고 물음에 답하시오.**

㈎ 일상생활이 너무나 피곤하고 고단할 때, 힘든 일에 지쳐 젖은 솜처럼 몸이 무겁고 눈이 빨갛게 충혈 됐을 때, 단잠처럼 달콤한 게 또 있을까? 우리는 하루 평균 7~8시간을 잔다. 하루의 3분의 1을 잠을 자는 데 쓰는 것이다. 어찌 생각하면 참 아까운 시간이다. 잠을 자지 않고 그 시간에 열심히 일을 해서 돈을 번다면 부자가 되지 않을까? 여기서 잠시 A라는 학생의 생활을 살펴보자.

㈏ A는 잠자는 시간이 너무 아깝다. 그래서 잠을 안자고 열심히 공부하기로 작정한다. A에게 하루쯤 밤을 새는 것은 흔한 일이다. 졸리고 피곤하긴 하지만, 그런대로 학교생활을 해 나갈 수 있다. 하지만, 하루가 지나고 이틀이 지나니 그 증상이 훨씬 심해진다. 눈은 ㉠뻑뻑하고 눈꺼풀은 천 근처럼 무겁다. 옆에서 누가 소리를 지르지 않으면 금방 잠에 빠져 버리고 만다. A는 잠을 자지 않기 위해서 쉴 새 없이 움직인다. 하지만, 너무 졸려서 도저히 공부를 할 수가 없다. 결국 A는 모든 것을 포기하고 깊은 잠에 빠져 버리고 만다.

㈐ 만일, 누군가가 강제로 A를 하루나 이틀 더 못 자게 한다면 어떻게 될까? A는 자기가 있는 곳이 어디인지, 또 자기가 무슨 일을 하러 여기에 와 있는지조차 가물가물할 것이다. 앞에 앉은 사람의 얼굴도 잘 몰라보고 이상한 물체가 보인다고 횡설수설할지도 모른다. 수면 ㉡박탈은 예로부터 ㉢중죄인을 고문하는 방법으로 이용될 정도로 견디기 어려운 것이었다.

㈑ A가 이처럼 잠을 못 잤다면 부족한 잠을 고스란히 보충해야 할까? 그렇지는 않다. 예를 들어, 매일 8시간씩 자던 사람이 어느 날 5시간밖에 못 잤다고 해서 3시간을 더 잘 필요는 없다. 우리 몸은 그렇게 계산적이지 않다. 어쩌면 A가 진짜 부러워해야 할 사람은 나폴레옹이나 에디슨일지도 모른다. 이 두 사람은 역사상 밤잠 안 자는 사람으로 유명했다. 하지만, 이들은 진짜 잠을 안 잔 것이 아니라, 효과적으로 수면을 취했던 것이다. 나폴레옹은 말안장 위에서도 잠을 잤고, ㉣워털루 전투에서도 틈틈이 낮잠을 즐겼다고 한다. 에디슨도 마찬가지였다. 에디슨의 친구 한 사람은 "그는 다른 사람에게 말을 거는 동안에도 잠 속에 빠지곤 했지."라고 말하였다.

㈒ 그러면 우리는 왜 잠을 잘까? 왜 인생의 3분의 1을 잠으로 보내야만 할까? 뒤집어 생각해 보면, 잠을 자고 있는 것이 우리의 정상적인 모습이고, 잠을 자지 않는 것은 여러 자극 때문에 어쩔 수 없이 깨어 있는 비정상적인 모습인지도 모른다. 과연 잠을 자고 있을 때와 깨어 있을 때, 우리의 뇌에는 어떠한 일이 일어나고 있을까?

**3.** 주어진 글에서 A의 예를 통하여 글쓴이가 궁극적으로 말하고자 하는 바는?

① 잠을 많이 자야 건강을 유지할 수 있다.

② 잠을 안 자면 정상적인 생활을 할 수 없다.

③ 단잠은 지친 심신을 정상적으로 회복시킨다.

④ 잠을 덜 자기 위해서는 많은 고통을 겪어야 한다.

**4.** ㈜에서 '나폴레옹'과 '에디슨'의 공통점으로 알맞은 것은?

① 불면증에 시달렸다.

② 효과적으로 수면을 취했다.

③ 일반인보다 유난히 잠이 많았다.

④ 꿈과 현실을 잘 구분하지 못했다.

**5.** ㉠~㉣ 중 사전(事典)을 찾아보아야 할 단어는?

① ㉠  ② ㉡

③ ㉢  ④ ㉣

**│6~7│ 다음 글을 읽고 물음에 답하시오.**

○○통신회사 직원 K씨가 고객으로부터 걸려온 전화를 응대하고 있다. 고객은 K씨에게 가장 저렴한 통신비를 문의하고 있다.

K씨 : 안녕하십니까? ○○텔레콤 K○○입니다. 무엇을 도와드릴까요?

고객 : 네. 저는 저에게 맞는 통신비를 추천받고자 합니다.

K씨 : 고객님이 많이 사용하시는 부분이 무엇입니까?

고객 : 저는 통화는 별로 하지 않고 인터넷을 한 달에 평균 3기가 정도 사용합니다.

K씨 : 아, 고객님은 인터넷을 많이 사용하시는군요. 그럼 인터넷 외에 다른 서비스는 필요하신 부분이 없으십니까?

고객 : 저는 매달 컬러링을 바꾸고 싶습니다.

K씨 : 아 그럼 매달 3기가 이상의 인터넷과 무료 컬러링이 필요하신 것입니까?

고객 : 네. 그럼 될 것 같습니다.

| 요금제명 | 무료인터넷 용량 | 무료통화 용량 | 무료 부가서비스 | 가격 |
|---|---|---|---|---|
| 35요금제 | 1기가 | 40분 | 없음 | 30,000원 |
| 45요금제 | 2기가 | 60분 | 없음 | 40,000원 |
| 55요금제 | 3기가 | 120분 | 컬러링 월 1회 | 50,000원 |
| 65요금제 | 4기가 | 180분 | 컬러링 월 2회 | 60,000원 |

**6.** K씨가 고객에게 가장 적합하다고 생각하는 요금제는 무엇인가?

① 35요금제  ② 45요금제

③ 55요금제  ④ 65요금제

**7.** 만약 동일한 조건에서 고객이 통화를 1달에 1시간 30분 정도 사용한다고 한다면 이 고객에게 가장 적합한 요금제는 무엇인가?

① 35요금제  ② 45요금제

③ 55요금제  ④ 65요금제

**8.** 다음 글의 문맥상 빈칸에 들어갈 말로 가장 적절한 것은?

기본적으로 전기차의 충전수요는 주택용 및 직장용 충전방식을 통해 상당부분 충족될 수 있다. 집과 직장은 우리가 하루 중 대부분의 시간을 보내는 장소이며, 그만큼 우리의 자동차가 가장 많은 시간을 보내는 장소이다. 그러나 서울 및 대도시를 포함하여, 전국적으로 주로 아파트 등 공동주택에 거주하는 가구비중이 높은 국내 현실을 감안한다면, 주택용 충전방식의 제약은 단기적으로 해결하기는 어려운 것이 또한 현실이다. 더욱이 우리가 자동차를 소유하고 활용할 때 직장으로의 통근용으로만 사용하지는 않는다. 때론 교외로 때론 지방으로 이동할 때 자유롭게 활용 가능해야 하며, 이때 (                    ), 전기차의 시장침투는 그만큼 제약될 수밖에 없다. 직접 충전을 하지 않더라도 적어도 언제 어디서나 충전이 가능하다는 인식이 자동차 운전자들에게 보편화되지 않는다면, 배터리에 충전된 전력이 다 소진되어, 도로 한가운데서 꼼짝달싹할 수 없게 될 수도 있다는 두려움, 즉 주행가능거리에 대한 우려로 인해 기존 내연기관차에서 전기차로의 전환은 기피대상이 될 수밖에 없다.

결국 누구나 언제 어디서나 접근이 가능한 공공형 충전소가 도처에 설치되어야 하며, 이를 체계적으로 운영 관리하여 전기차 이용자들이 편하게 사용할 수 있는 분위기 마련이 시급하다. 이를 위해서는 무엇보다 전기차 충전서비스 시장이 두터워지고, 잘 작동해야 한다.

① 이동하고자 하는 거리가 너무 멀다면
② 기존 내연기관차보다 불편함이 있다면
③ 전기차 보급이 활성화되어 있지 않다면
④ 남아 있는 배터리 잔량을 확인할 수 없다면

**9.** 다음 내용과 전투능력을 가진 생존자 현황을 근거로 판단할 경우 생존자들이 탈출할 수 있는 경우로 옳은 것은? (단, 다른 조건은 고려하지 않는다)

- 좀비 바이러스에 의해 라쿤 시티에 거주하던 많은 사람들이 좀비가 되었다. 건물에 갇힌 생존자들은 동, 서, 남, 북 4개의 통로를 이용해 5명씩 탈출을 시도한다. 탈출은 통로를 통해서만 가능하며, 한 쪽 통로를 선택하면 되돌아올 수 없다.
- 동쪽 통로에 11마리, 서쪽 통로에 7마리, 남쪽 통로에 11마리, 북쪽 통로에 9마리의 좀비들이 있다. 선택한 통로의 좀비를 모두 제거해야만 탈출할 수 있다.
- 남쪽 통로의 경우, 통로 끝이 막혀 탈출을 할 수 없지만 팀에 폭파전문가가 있다면 다이너마이트를 사용하여 막힌 통로를 뚫고 탈출할 수 있다.
- 전투란 생존자가 좀비를 제거하는 것을 의미하며 선택한 통로에서 일시에 이루어진다.
- 전투능력은 정상인 건강상태에서 해당 생존자가 전투에서 제거하는 좀비의 수를 의미하며, 질병이나 부상상태인 사람은 그 능력이 50%로 줄어든다.
- 전투력 강화에는 건강상태가 정상인 생존자들 중 1명에게만 사용할 수 있으며, 전투능력을 50% 향상시킨다. 사용 가능한 대상은 의사 혹은 의사의 팀 내 구성원이다.
- 생존자의 직업은 다양하며, 아이와 노인은 전투능력과 보유품목이 없고 건강상태는 정상이다.

전투능력을 가진 생존자 현황

| 직업 | 인원 | 전투능력 | 건강상태 | 보유품목 |
|---|---|---|---|---|
| 경찰 | 1명 | 6 | 질병 | – |
| 헌터 | 1명 | 4 | 정상 | – |
| 의사 | 1명 | 2 | 정상 | 전투력 강화제 1개 |
| 사무라이 | 1명 | 8 | 정상 | – |
| 폭파전문가 | 1명 | 4 | 부상 | 다이너마이트 |

|  탈출 통로 | 팀 구성 인원 |
|---|---|
| ① 동쪽 통로 | 폭파전문가 – 사무라이 – 노인 3명 |
| ② 서쪽 통로 | 헌터 – 경찰 – 아이 2명 – 노인 |
| ③ 남쪽 통로 | 헌터 – 폭파전문가 – 아이 – 노인 2명 |
| ④ 북쪽 통로 | 경찰 – 의사 – 아이 2명 – 노인 |

**10.** 다음 예문의 내용에 맞는 고사성어는?

구름이 해를 비추어 노을이 되고, 물줄기가 바위에 걸려 폭포를 만든다. 의탁하는 바가 다르고 보니 이름 또한 이에 따르게 된다. 이는 벗 사귀는 도리에 있어 유념해 둘 만한 것이다.

① 근묵자흑(近墨者黑)　　② 단금지교(斷金之交)
③ 망운지정(望雲之情)　　④ 상분지도(嘗糞之徒)

**11.** A, B, C, D, E는 영업, 사무, 전산, 관리, 홍보의 일을 각각 맡아서 하기로 하였다. A는 영업과 사무 분야의 업무를 싫어하고, B는 관리 업무를 싫어하며, C는 영업 분야 일을 하고 싶어하고, D는 전산 분야 일을 하고 싶어하며, E는 관리와 사무 분야의 업무를 싫어한다. 인사부에서 각자의 선호에 따라 일을 시킬 때 옳게 짝지은 것은?

① A – 관리　　　　　② B – 영업
③ C – 홍보　　　　　④ D – 사무

**12.** 다음 글을 근거로 유추할 경우 옳은 내용만을 바르게 짝지은 것은?

- 9명의 참가자는 1번부터 9번까지의 번호 중 하나를 부여 받고, 동시에 제비를 뽑아 3명은 범인, 6명은 시민이 된다.
- '1번의 오른쪽은 2번, 2번의 오른쪽은 3번, …, 8번의 오른쪽은 9번, 9번의 오른쪽은 1번과 같이 번호 순서대로 동그랗게 앉는다.
- 참가자는 본인과 바로 양 옆에 앉은 사람이 범인인지 시민인지 알 수 있다.
- "옆에 범인이 있다."라는 말은 바로 양 옆에 앉은 2명 중 1명 혹은 2명이 범인이라는 뜻이다.
- "옆에 범인이 없다."라는 말은 바로 양 옆에 앉은 2명 모두 범인이 아니라는 뜻이다.
- 범인은 거짓말만 하고, 시민은 참말만 한다.

○ 1, 4, 6, 7, 8번의 진술이 "옆에 범인이 있다."이고, 2, 3, 5, 9번의 진술이 "옆에 범인이 없다."일 때, 8번이 시민임을 알면 범인들을 모두 찾아낼 수 있다.
ⓒ 만약 모두가 "옆에 범인이 있다."라고 진술한 경우, 범인이 부여받은 번호의 조합은 (1, 4, 7) / (2, 5, 8) / (3, 6, 9) 3가지이다.
ⓒ 한 명만이 "옆에 범인이 없다."라고 진술한 경우는 없다.

① ⓒ　　　　　　　② ⓒ
③ ○ⓒ　　　　　　④ ○ⓒ

○ 주택용 전력(저압)

| 기본요금(원/호) | | 전력량 요금(원/kWh) | |
|---|---|---|---|
| 200kWh 이하 사용 | 900 | 처음 200kWh까지 | 90 |
| 201~400kWh 사용 | 1,800 | 다음 200kWh까지 | 180 |
| 400kWh 초과 사용 | 7,200 | 400kWh 초과 | 279 |

1) 주거용 고객, 계약전력 3kWh 이하의 고객
2) 필수사용량 보장공제 : 200kWh 이하 사용 시 월 4,000원 한도 감액(감액 후 최저요금 1,000원)
3) 슈퍼유저요금 : 동하계(7~8월, 12~2월) 1,000kWh 초과 전력량 요금은 720원/kWh 적용

○ 주택용 전력(고압)

| 기본요금(원/호) | | 전력량 요금(원/kWh) | |
|---|---|---|---|
| 200kWh 이하 사용 | 720 | 처음 200kWh까지 | 72 |
| 201~400kWh 사용 | 1,260 | 다음 200kWh까지 | 153 |
| 400kWh 초과 사용 | 6,300 | 400kWh 초과 | 216 |

1) 주택용 전력(저압)에 해당되지 않는 주택용 전력 고객
2) 필수사용량 보장공제 : 200kWh 이하 사용 시 월 2,500원 한도 감액(감액 후 최저요금 1,000원)
3) 슈퍼유저요금 : 동하계(7~8월, 12~2월) 1,000kWh 초과 전력량 요금은 576원/kWh 적용

**13.** 다음 두 전기 사용자인 갑과 을의 전기요금 합산 금액으로 올바른 것은?

갑 : 주택용 전력 저압 300kWh 사용
을 : 주택용 전력 고압 300kWh 사용

① 68,660원
② 68,700원
③ 68,760원
④ 68,800원

**14.** 위의 전기요금 계산 안내문에 대한 설명으로 올바르지 않은 것은?

① 주택용 전력은 고압 요금이 저압 요금보다 더 저렴하다.
② 동계와 하계에 1,000kWh가 넘는 전력을 사용하면 기본요금과 전력량 요금이 모두 2배 이상 증가한다.
③ 저압 요금 사용자가 전기를 3kWh만 사용할 경우의 전기요금은 1,000원이다.
④ 슈퍼유저는 1년 중 5개월 동안만 해당된다.

**15.** 다음 글의 내용과 날씨를 근거로 판단할 경우 종아가 여행을 다녀온 시기로 가능한 것은?

• 종아는 선박으로 '포항 → 울릉도 → 독도 → 울릉도 → 포항' 순으로 3박 4일의 여행을 다녀왔다.
• '포항 → 울릉도' 선박은 매일 오전 10시, '울릉도 → 포항' 선박은 매일 오후 3시에 출발하며, 편도 운항에 3시간이 소요된다.
• 울릉도에서 출발해 독도를 돌아보는 선박은 매주 화요일과 목요일 오전 8시에 출발하여 당일 오전 11시에 돌아온다.
• 최대 파고가 3m 이상인 날은 모든 노선의 선박이 운항되지 않는다.
• 종아는 매주 금요일에 술을 마시는데, 술을 마신 다음날은 멀미가 심해 선박을 탈 수 없다.
• 이번 여행 중 종아는 울릉도에서 호박엿 만들기 체험을 했는데, 호박엿 만들기 체험은 매주 월·금요일 오후 6시에만 할 수 있다.

날씨

(㈜ : 최대 파고)

| 日 | 月 | 火 | 水 | 木 | 金 | 土 |
|---|---|---|---|---|---|---|
| 16 | 17 | 18 | 19 | 20 | 21 | 22 |
| ㈜ 1.0m | ㈜ 1.4m | ㈜ 3.2m | ㈜ 2.7m | ㈜ 2.8m | ㈜ 3.7m | ㈜ 2.0m |
| 23 | 24 | 25 | 26 | 27 | 28 | 29 |
| ㈜ 0.7m | ㈜ 3.3m | ㈜ 2.8m | ㈜ 2.7m | ㈜ 0.5m | ㈜ 3.7m | ㈜ 3.3m |

① 19일(水) ~ 22일(土)
② 20일(木) ~ 23일(日)
③ 23일(日) ~ 26일(水)
④ 25일(火) ~ 28일(金)

**16.** 도서출판 서원각에 근무하는 최 대리는 이번 달에 접수된 총 7건의 고객 불만 사항에 대해 보고서를 작성하려고 한다. A, B, C, D, E, F, G 고객의 불만이 접수된 순서가 다음의 정보를 모두 만족할 때, 불만 사항이 가장 마지막으로 접수된 고객은?

〈정보〉
• B고객의 불만은 가장 마지막에 접수되지 않았다.
• G고객의 불만은 C고객의 불만보다 먼저 접수되었다.
• A고객의 불만은 B고객의 불만보다 먼저 접수되었다.
• B고객의 불만은 E고객의 불만보다 나중에 접수되었다.
• D고객과 E고객의 불만은 연달아 접수되었다.
• C고객의 불만은 다섯 번째로 접수되었다.
• A고객과 B고객의 불만 접수 사이에 한 건의 불만이 접수되었다.

① A
② C
③ D
④ F

**17.** M회사 구내식당에서 근무하고 있는 N씨는 식단을 편성하는 업무를 맡고 있다. 식단편성을 위한 조건이 다음과 같을 때 월요일에 편성되는 식단은?

<조건>
• 다음 5개의 메뉴를 월요일~금요일 5일에 각각 하나씩 편성해야 한다.
 - 돈가스 정식, 나물 비빔밥, 크림 파스타, 오므라이스, 제육 덮밥
• 월요일에는 돈가스 정식을 편성할 수 없다.
• 목요일에는 오므라이스를 편성할 수 없다.
• 제육덮밥은 금요일에 편성해야 한다.
• 나물 비빔밥은 제육덮밥과 연달아 편성할 수 없다.
• 돈가스 정식은 오므라이스보다 먼저 편성해야 한다.

① 나물 비빔밥
② 크림 파스타
③ 오므라이스
④ 제육덮밥

**18.** 영업팀 직원인 갑, 을, 병 3명은 어젯밤 과음을 한 것으로 의심되고 있다. 이에 대한 이들의 진술이 다음과 같을 때, 과음을 한 것이 확실한 직원과 과음을 하지 않은 것이 확실한 직원을 순서대로 바르게 짝지은 것은? (단, 과음을 한 직원은 거짓말을 하고, 과음을 하지 않은 직원은 사실을 말하였다)

갑 : "우리 중 1명만 거짓말을 하고 있습니다."
을 : "우리 중 2명이 거짓말을 하고 있습니다."
병 : "갑, 을 중 1명만 거짓말을 하고 있습니다."

① 갑, 을
② 을, 아무도 없음
③ 갑, 아무도 없음
④ 갑과 을, 병

**19.** 취업을 준비하고 있는 A, B, C, D, E 5명이 지원한 분야는 각각 마케팅, 생산, 출판, 회계, 시설관리 중 한 곳이다. 5명이 모두 서류전형에 합격하여 NCS 직업기초능력평가를 보러 가는데, 이때 지하철, 버스, 택시 중 한 가지를 타고 가려고 한다. 다음 중 옳지 않은 것은? (단, 한 가지 교통수단은 최대 2명만 이용할 수 있고, 한 사람도 이용하지 않는 교통수단은 없다)

㉠ 버스는 마케팅, 생산, 출판, 시설관리를 지원한 사람의 회사를 갈 수 있다.
㉡ A는 출판을 지원했다.
㉢ E는 어떤 교통수단을 이용해도 지원한 회사에 갈 수 있다.
㉣ 지하철에는 D를 포함한 두 사람이 탄다.
㉤ B가 탈 수 있는 교통수단은 지하철뿐이다.
㉥ 버스와 택시가 지나가는 회사는 마케팅을 제외하고 중복되지 않는다.

① B와 D는 같이 지하철을 이용한다.
② E는 택시를 이용한다.
③ A는 버스를 이용한다.
④ E는 회계를 지원했다.

**20.** 다음은 어느 레스토랑의 3C분석 결과이다. 이 결과를 토대로 하여 향후 해결해야 할 전략과제를 선택하고자 할 때 적절하지 않은 것은?

| 3C | 상황 분석 |
| --- | --- |
| 고객 / 시장<br>(Customer) | • 식생활의 서구화<br>• 유명브랜드와 기술제휴 지향<br>• 신세대 및 뉴패밀리 층의 출현<br>• 포장기술의 발달 |
| 경쟁 회사<br>(Competitor) | • 자유로운 분위기와 저렴한 가격<br>• 전문 패밀리 레스토랑으로 차별화<br>• 많은 점포수<br>• 외국인 고용으로 인한 외국인 손님 배려 |
| 자사<br>(company) | • 높은 가격대<br>• 안정적 자금 공급<br>• 업계 최고의 시장점유율<br>• 고객증가에 따른 즉각적 응대의 한계<br>• 한식 위주의 메뉴 구성 |

① 원가 절감을 통한 가격 조정
② 유명브랜드와의 장기적인 기술제휴
③ 즉각적인 응대를 위한 인력 증대
④ 안정적인 자금 확보를 위한 자본구조 개선

**21.** 일정한 규칙을 찾아 빈칸에 들어갈 알맞은 숫자를 고르시오.

$$1 \quad 1 \quad 3 \quad 27 \quad (\quad)$$

① 5        ② 15

③ 25       ④ 35

**22.** 직장인 B씨는 재작년에 받은 기본급은 1,800만 원이고, 작년 기본급은 재작년 기본급보다 20%가 많았다. 작년 성과급은 재작년 성과급보다 10%가 적었다. 재작년 성과급이 그 해 기본급의 1/5에 해당할 때, 작년 연봉의 인상률은? (단, 연봉은 기본급과 성과급의 합으로 한다.)

① 5%        ② 10%

③ 15%       ④ 20%

**23.** 甲 농도가 8%인 소금물 500g을 가지고 있는데 乙이 자신이 가진 물을 甲의 소금물과 섞었더니 농도가 5%인 소금물이 되었다. 乙이 가지고 있던 물은 몇 g인가?

① 220g       ② 250g

③ 300g       ④ 320g

**24.** 다음은 정기 예금과 가계 대출의 평균 금리 추이에 관한 신문 기사이다. 이와 같은 추이가 지속될 경우 나타날 수 있는 현상을 모두 고른 것은?

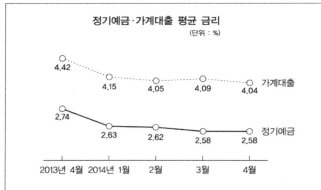

초저금리 기조가 이어지면서 저축성 수신 금리와 대출 금리 모두 1996년 통계를 내기 시작한 이후 역대 최저 수준을 기록했다. 한국은행에 따르면 2014년 4월 말 신규 취급액을 기준으로 정기 예금 평균 금리는 연 2.58 %, 가계 대출 평균 금리는 연 4.04 %로 역대 최저치를 기록했다.

㉠ 예대 마진은 점차 증가할 것이다.
㉡ 요구불 예금 금리는 점차 증가할 것이다.
㉢ 변동 금리로 대출을 받는 고객이 점차 증가할 것이다.
㉣ 정기 예금 가입 희망자 중 고정 금리를 선호하는 고객이 점차 증가할 것이다.

① ㉠㉡       ② ㉠㉢

③ ㉡㉢       ④ ㉢㉣

**┃25~26┃** 다음은 국내 온실가스 배출현황을 나타낸 표이다. 물음에 답하시오.

(단위 : 백만 톤 $CO_2$ eq.)

| 구분 | 2005년 | 2006년 | 2007년 | 2008년 | 2009년 | 2010년 | 2011년 |
|---|---|---|---|---|---|---|---|
| 에너지 | 467.5 | 473.9 | 494.4 | 508.8 | 515.1 | 568.9 | 597.9 |
| 산업공정 | 64.5 | 63.8 | 60.8 | 60.6 | 57.8 | 62.6 | 63.4 |
| 농업 | 22.0 | 21.8 | 21.8 | 21.8 | 22.1 | 22.1 | 22.0 |
| 폐기물 | 15.4 | 15.8 | 14.4 | 14.3 | 14.1 | $x$ | 14.4 |
| LULUCF | −36.3 | −36.8 | −40.1 | −42.7 | −43.6 | −43.7 | −43.0 |
| 순배출량 | 533.2 | 538.4 | 551.3 | 562.7 | 565.6 | 624.0 | 654.7 |
| 총배출량 | 569.4 | 575.3 | 591.4 | 605.5 | 609.1 | 667.6 | 697.7 |

**25.** 2010년 폐기물로 인한 온실가스 배출량은? (단, 총배출량＝에너지＋산업공정＋농업＋폐기물)

① 14.0

② 14.1

③ 14.2

④ 14.3

**26.** 전년대비 총배출량 증가율이 가장 높은 해는?

① 2007년

② 2008년

③ 2009년

④ 2010년

**27.** 다음은 스마트폰 기종별 출고가 및 공시지원금에 대한 자료이다. 〈조건〉과 〈정보〉를 바탕으로 A∼D에 해당하는 스마트폰 기종 '갑'∼'정'을 바르게 나열한 것은?

(단위 : 원)

| 구분\n기종 | 출고가 | 공시지원금 |
|---|---|---|
| A | 858,000 | 210,000 |
| B | 900,000 | 230,000 |
| C | 780,000 | 150,000 |
| D | 990,000 | 190,000 |

〈조건〉

• 모든 소비자는 스마트폰을 구입할 때 '요금할인' 또는 '공시지원금' 중 하나를 선택한다.
• 사용요금은 월정액 51,000원이다.
• '요금할인'을 선택하는 경우의 월 납부액은 사용요금의 80%에 출고가를 24(개월)로 나눈 월 기기값을 합한 금액이다.
• '공시지원금'을 선택하는 경우의 월 납부액은 출고가에서 공시지원금과 대리점보조금(공시지원금의 10%)을 뺀 금액을 24(개월)로 나눈 월 기기값에 사용요금을 합한 금액이다.
• 월 기기값, 사용요금 이외의 비용은 없고, 10원 단위 이하 금액을 절사한다.
• 구입한 스마트폰의 사용기간은 24개월이고, 사용기간 연장이나 중도해지는 없다.

〈정보〉

• 출고가 대비 공시지원금의 비율이 20% 이하인 스마트폰 기종은 '병'과 '정'이다.
• '공시지원금'을 선택하는 경우의 월 납부액보다 '요금할인'을 선택하는 경우의 월 납부액이 더 큰 스마트폰 기종은 '갑' 뿐이다.
• '공시지원금'을 선택하는 경우 월 기기값이 가장 작은 스마트폰 기종은 '정'이다.

|   | A | B | C | D |
|---|---|---|---|---|
| ① | 갑 | 을 | 정 | 병 |
| ② | 을 | 갑 | 병 | 정 |
| ③ | 을 | 갑 | 정 | 병 |
| ④ | 병 | 을 | 정 | 갑 |

**28.** 다음 자료에 대한 설명으로 올바른 것은?

〈한우 연도별 등급 비율〉

(단위 : %, 두)

| 연도 | 육질 등급 | | | | | 합계 | 한우등급\n판정두수 |
|---|---|---|---|---|---|---|---|
|  | 1++ | 1+ | 1 | 2 | 3 |  |  |
| 2013 | 7.5 | 19.5 | 27.0 | 25.2 | 19.9 | 99.1 | 588,003 |
| 2014 | 8.6 | 20.5 | 27.6 | 24.7 | 17.9 | 99.3 | 643,930 |
| 2015 | 9.7 | 22.7 | 30.7 | 25.2 | 11.0 | 99.3 | 602,016 |
| 2016 | 9.2 | 22.6 | 30.6 | 25.5 | 11.6 | 99.5 | 718,256 |
| 2017 | 9.3 | 20.2 | 28.6 | 27.3 | 14.1 | 99.5 | 842,771 |
| 2018 | 9.2 | 21.0 | 31.0 | 27.1 | 11.2 | 99.5 | 959,751 |
| 2019 | 9.3 | 22.6 | 32.8 | 25.4 | 8.8 | 98.9 | 839,161 |

① 1++ 등급으로 판정된 한우의 두수는 2015년이 2016년보다 더 많다.
② 1등급 이상이 60%를 넘은 해는 모두 3개년이다.
③ 3등급 판정을 받은 한우의 두수는 2015년이 가장 적다.
④ 전년보다 1++ 등급의 비율이 더 많아진 해에는 3등급의 비율이 매번 더 적어졌다.

**29.** 사내 체육대회에서 8개의 종목을 구성해 각 종목에서 우승 시 얻는 승점을 합하여 각 팀의 최종 순위를 매기고자 한다. 각 종목은 순서대로 진행하고, 3번째 종목부터는 각 종목 우승 시 받는 승점이 그 이전 종목들의 승점을 모두 합한 점수보다 10점 더 많도록 구성하였다. 다음 중 옳은 것을 모두 고르면? (단, 승점은 각 종목의 우승 시에만 얻을 수 있으며, 모든 종목의 승점은 자연수이다.)

㉠ 1번째 종목과 2번째 종목의 승점이 각각 10점, 20점이라면 8번째 종목의 승점은 1,000점을 넘게 된다.
㉡ 1번째 종목과 2번째 종목의 승점이 각각 100점, 200점이라면 8번째 종목의 승점은 10,000점을 넘게 된다.
㉢ 1번째 종목과 2번째 종목의 승점에 상관없이 8번째 종목의 승점은 6번째 종목 승점의 네 배이다.
㉣ 만약 3번째 종목부터 각 종목 우승 시 받는 승점이 그 이전 종목들의 승점을 모두 합한 점수보다 10점 더 적도록 구성한다면, 1번째 종목과 2번째 종목의 승점에 상관없이 8번째 종목의 승점은 6번째 종목 승점의 네 배보다 적다.

① ㉠, ㉢
② ㉠, ㉣
③ ㉡, ㉢
④ ㉠, ㉡, ㉣

**30.** 공연기획사인 A사는 이번에 주최한 공연을 보러 오는 관객을 기차역에서 공연장까지 버스로 수송하기로 하였다. 다음의 표와 같이 공연 시작 4시간 전부터 1시간 단위로 전체 관객 대비 기차역에 도착하는 관객의 비율을 예측하여 버스를 운행하고자 하며, 공연 시작 시간까지 관객을 모두 수송해야 한다. 다음을 바탕으로 예상한 수송 시나리오 중 옳은 것을 모두 고르면?

▣ 전체 관객 대비 기차역에 도착하는 관객의 비율

| 시각 | 전체 관객 대비 비율(%) |
|------|------------------------|
| 공연 시작 4시간 전 | a |
| 공연 시작 3시간 전 | b |
| 공연 시작 2시간 전 | c |
| 공연 시작 1시간 전 | d |
| 계 | 100 |

- 전체 관객 수는 40,000명이다.
- 버스는 한 번에 대당 최대 40명의 관객을 수송한다.
- 버스가 기차역과 공연장 사이를 왕복하는 데 걸리는 시간은 6분이다.

▣ 예상 수송 시나리오
ⓐ $a = b = c = d = 25$라면, 회사가 전체 관객을 기차역에서 공연장으로 수송하는 데 필요한 버스는 최소 20대이다.
ⓑ $a = 10$, $b = 20$, $c = 30$, $d = 40$이라면, 회사가 전체 관객을 기차역에서 공연장으로 수송하는 데 필요한 버스는 최소 40대이다.
ⓒ 만일 공연이 끝난 후 2시간 이내에 전체 관객을 공연장에서 기차역까지 버스로 수송해야 한다면, 이때 회사에게 필요한 버스는 최소 50대이다.

① ⓐ
② ⓑ
③ ⓐ, ⓑ
④ ⓑ, ⓒ

**31.** 다음 조직도를 잘못 이해한 사람은?

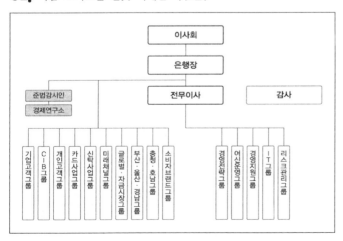

① 연지 : 그룹은 총 15개로 이루어져 있네.
② 동성 : 감사는 업무의 독립성을 위해 이사회 소속이 아니라 따로 독립되어 있어.
③ 진이 : 준법감시인과 경제연구소는 전무이사 소속으로 되어 있어.
④ 순철 : 경영전략그룹과 경영지원그룹은 업무의 연관성으로 인해 똑같이 전무이사 소속으로 되어 있어.

**32.** 다음의 조직목표에 대한 설명 중 옳은 것은?
① 공식적인 목표인 사명은 측정 가능한 형태로 기술되는 단기적인 목표이다.
② 조직목표는 환경이나 여러 원인들에 의해 변동되거나 없어지지 않는다.
③ 구성원들이 자신의 업무만을 성실하게 수행하면 조직목표는 자연스럽게 달성된다.
④ 조직은 다수의 목표를 추구할 수 있으며 이들은 상하관계를 가지기도 한다.

**33.** 다음 그림과 같은 형태의 조직체계를 유지하고 있는 기업에 대한 설명으로 적절한 것은?

① 다양한 프로젝트를 수행해야 할 필요성이 커짐에 따라 조직 간의 유기적인 협조체제를 구축하였다.
② 의사결정 권한이 분산되어 더욱 전문적인 업무 처리가 가능하다.
③ 각 부서 간 내부 경쟁을 유발할 수 있다.
④ 조직 내 내부 효율성을 확보할 수 있는 조직 구조이다.

**34.** 다음 조직의 경영자에 대한 정의를 참고할 때, 경영자의 역할로 적절하지 않은 것은?

> 조직의 경영자는 조직의 전략, 관리 및 운영활동을 주관하며, 조직구성원들과 의사결정을 통해 조직이 나아갈 방향을 제시하고 조직의 유지와 발전에 대해 책임을 지는 사람이며, 조직의 변화방향을 설정하는 리더이며, 조직구성원들이 조직의 목표에 부합된 활동을 할 수 있도록 이를 결합시키고 관리하는 관리자이다.

① 대외 협상을 주도하기 위한 자문위원을 선발한다.
② 외부환경 변화를 주시하며 조직의 변화 방향을 설정한다.
③ 우수한 인재를 뽑기 위한 구체적이고 개선된 채용 기준을 마련한다.
④ 미래전략을 연구하기 위해 기획조정실과의 회의를 주도한다.

**35.** 다음은 조직문화의 구성 요소를 나타낸 7S 모형이다. ⓐ와 ⓑ에 들어갈 요소를 옳게 짝지은 것은?

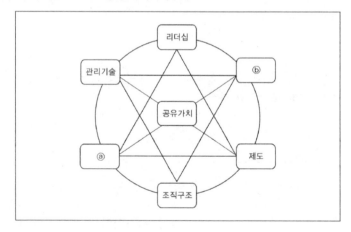

|     | ⓐ | ⓑ |
| --- | --- | --- |
| ① | 구성원 | 전략 |
| ② | 구성원 | 만족도 |
| ③ | 용이성 | 단절성 |
| ④ | 전략 | 응답성 |

**| 36~37 |** 다음은 J사의 2015년 조직도이다. 주어진 조직도를 보고 물음에 답하시오.

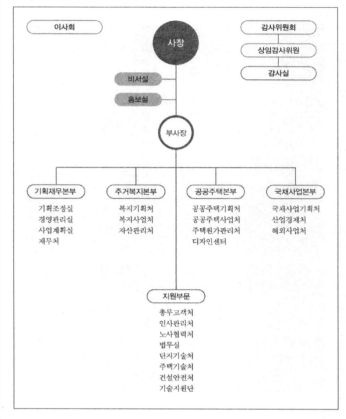

**36.** 위 조직도를 보고 잘못 이해한 것은?
① 부사장은 따로 비서실을 두고 있지 않다.
② 비서실과 홍보실은 사장 직속으로 소속되어 있다.
③ 감사실은 공정한 감사를 위해 다른 조직들과는 구분되어 감사위원회 산하로 소속되어 있다.
④ 부사장 직속으로는 1개 부문, 1실, 6개 처, 1개의 지원단으로 구성되어 있다.

**37.** 다음은 J사의 내년 조직개편사항과 A씨가 개편사항을 반영하여 수정한 조직도이다. 수정된 조직도를 보고 상사인 B씨가 A씨에게 지적할 사항으로 옳은 것은?

〈조직개편사항〉
- 미래기획단 신설(사장 직속)
- 명칭변경(주거복지본부) : 복지기획처 → 주거복지기획처, 복지사업처 → 주거복지사업처
- 지원부문을 경영지원부문과 기술지원부문으로 분리한다.
  - 경영지원부문 : 총무고객처, 인사관리처, 노사협력처, 법무실
  - 기술지원부문 : 단지기술처, 주택기술처, 건설안전처, 기술지원단
- 공공주택본부 소속으로 행복주택부문(행복주택계획처, 행복주택사업처, 도시재생계획처) 신설
- 중소기업지원단 신설(기술지원부문 소속)

〈2016년 J사 조직도〉

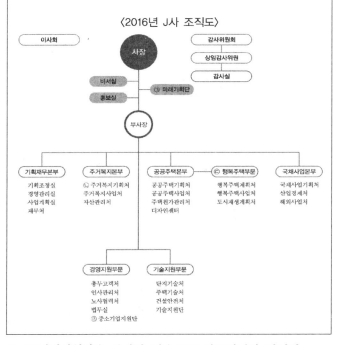

① ㉠ 미래기획단을 부사장 직속으로 이동시켜야 합니다.
② ㉡ 주거복지기획처를 복지기획처로 변경해야 합니다.
③ ㉢ 행복주택부문을 부사장 직속으로 이동해야 합니다.
④ ㉣ 중소기업지원단을 기술지원부문으로 이동해야 합니다.

▌38~39▌ 다음은 작년의 사내 복지 제도와 그에 따른 4/4분기 복지 지원 내역이다. 올 1/4분기부터 복지 지원 내역의 변화가 있었을 때, 다음의 물음에 답하시오.

〈사내 복지 제도〉

| 구분 | 세부사항 |
|---|---|
| 주택 지원 | 사택지원 (1~6동 총 6개 동 120가구) 기본 2년 (신청 시 1회 2년 연장 가능) |
| 경조사 지원 | 본인/가족 결혼, 회갑 등 각종 경조사 시 경조금, 화환 및 경조휴가 제공 |
| 학자금 지원 | 고등학생, 대학생 학자금 지원 |
| 기타 | 상병 휴가, 휴직, 4대 보험 지원 |

〈4/4분기 지원 내역〉

| 이름 | 부서 | 직위 | 세부사항 | 금액(천 원) |
|---|---|---|---|---|
| 정희진 | 영업1팀 | 사원 | 모친상 | 1,000 |
| 유연화 | 총무팀 | 차장 | 자녀 대학진학 (입학금 제외) | 4,000 |
| 김길동 | 인사팀 | 대리 | 본인 결혼 | 500 |
| 최선하 | IT개발팀 | 과장 | 병가(실비 제외) | 100 |
| 김만길 | 기획팀 | 사원 | 사택 제공(1동 702호) | – |
| 송상현 | 생산2팀 | 사원 | 장모상 | 500 |
| 길태화 | 기획팀 | 과장 | 생일 | 50(상품권) |
| 최현식 | 총무팀 | 차장 | 사택 제공(4동 204호) | – |
| 최판석 | 총무팀 | 부장 | 자녀 결혼 | 300 |
| 김동훈 | 영업2팀 | 대리 | 생일 | 50(상품권) |
| 백예령 | IT개발팀 | 사원 | 본인 결혼 | 500 |

**38.** 인사팀의 사원 Z씨는 팀장님의 지시로 작년 4/4분기 지원 내역을 구분하여 정리했다. 다음 중 구분이 잘못된 직원은?

| 구분 | 이름 |
|---|---|
| 주택 지원 | 김만길, 최현식 |
| 경조사 지원 | 정희진, 김길동, 길태화, 최판석, 김동훈, 백예령 |
| 학자금 지원 | 유연화 |
| 기타 | 최선하, 송상현 |

① 정희진
② 김동훈
③ 유연화
④ 송상현

**39.** 다음은 올해 1/4분기 지원 내역이다. 변경된 복지 제도 내용으로 옳지 않은 것은?

| 이름 | 부서 | 직위 | 세부사항 | 금액(천 원) |
|------|------|------|----------|------------|
| 김태호 | 총무팀 | 대리 | 장인상 | 1,000 |
| 이준규 | 영업2팀 | 과장 | 자녀 대학 등록금 | 4,000 |
| 박신영 | 기획팀 | 사원 | 생일 | 50(기프트 카드) |
| 장민하 | IT개발팀 | 차장 | 자녀 결혼 | 300 |
| 백유진 | 기획팀 | 대리 | 병가(실비 포함) | 200 |
| 배주한 | 인사팀 | 차장 | 생일 | 50(기프트 카드) |

① 경조사 지원금은 직위와 관계없이 동일한 금액으로 지원됩니다.

② 배우자 부모 사망 시 경조사비와 본인 부모 사망 시 경조사비를 동일하게 지급합니다.

③ 직원 본인 병가 시 위로금 10만 원과 함께 병원비(실비)를 함께 지급합니다.

④ 생일 시 지급되는 상품권을 현금카드처럼 사용할 수 있는 기프트 카드로 변경 지급합니다.

**40.** D그룹 홍보실에서 근무하는 사원 민경씨는 2018년부터 적용되는 새로운 조직 개편 기준에 따라 홈페이지에 올릴 조직도를 만들려고 한다. 다음 조직도의 빈칸에 들어갈 것으로 옳지 않은 것은?

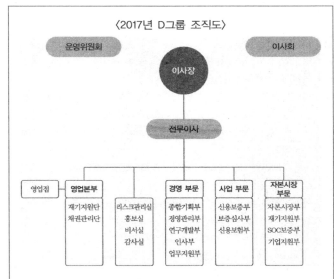

2018년 D그룹 조직 개편 기준
- 명칭변경 : 사업부문 → 신용사업부문
- 감사위원회를 신설하고 감사실을 감사위원회 소속으로 이동한다.
- 경영부문을 경영기획부문과 경영지원부문으로 분리한다.
- 경영부문의 종합기획부, 경영관리부, 연구개발부는 경영기획부문으로 인사부, 업무지원부는 경영지원부문으로 각각 소속된다.
- 업무지원부의 IT 관련 팀을 분리하여 IT전략부를 신설한다.
- 자본시장부문의 기업지원부는 영업본부 소속으로 이동한다.

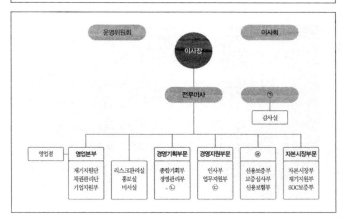

① ㉠ : 감사위원회    ② ㉡ : 연구개발부
③ ㉢ : IT전략부    ④ ㉣ : 사업부문

○○국의 항공기 식별코드는 '(현재상태부호)(특수임무부호)(기본임무부호)(항공기종류부호)−(설계번호)(개량형부호)'와 같이 최대 6개 부분(앞부분 4개, 뒷부분 2개)으로 구성된다.

항공기종류부호는 특수 항공기에만 붙이는 부호로, G는 글라이더, H는 헬리콥터, Q는 무인항공기, S는 우주선, V는 수직단거리이착륙기에 붙인다. 항공기종류부호가 생략된 항공기는 일반 비행기이다.

모든 항공기 식별코드는 기본임무부호나 특수임무부호 중 적어도 하나를 꼭 포함하고 있다. 기본임무부호는 항공기가 기본적으로 수행하는 임무를 나타내는 부호이다. A는 지상공격기, B는 폭격기, C는 수송기, E는 전자전기, F는 전투기, K는 공중급유기, L은 레이저탑재항공기, O는 관측기, P는 해상초계기, R은 정찰기, T는 훈련기, U는 다목적기에 붙인다.

특수임무부호는 항공기가 개량을 거쳐 기본임무와 다른 임무를 수행할 때 붙이는 부호이다. 부호에 사용되는 알파벳과 그 의미는 기본임무부호와 동일하다. 항공기가 기본임무와 특수임무를 모두 수행할 수 있을 때에는 두 부호를 모두 표시하며, 개량으로 인하여 더 이상 기본임무를 수행하지 못하게 된 경우에는 특수임무부호만을 표시한다.

현재상태부호는 현재 정상적으로 사용되고 있지 않은 항공기에만 붙이는 부호이다. G는 영구보존처리된 항공기, J와 N은 테스트를 위해 사용되고 있는 항공기에 붙이는 부호이다. J는 테스트 종료 후 정상적으로 사용될 항공기에 붙이는 부호이며, N은 개량을 많이 거쳤기 때문에 이후에도 정상적으로 사용될 계획이 없는 항공기에 붙이는 부호이다.

설계번호는 항공기가 특정그룹 내에서 몇 번째로 설계되었는지를 나타낸다. 1~100번은 일반 비행기, 101~200번은 글라이더 및 헬리콥터, 201~250번은 무인항공기, 251~300번은 우주선 및 수직단거리이착륙기에 붙인다. 예를 들어 107번은 글라이더와 헬리콥터 중 7번째로 설계된 항공기라는 뜻이다.

개량형부호는 한 모델의 항공기가 몇 차례 개량되었는지를 보여주는 부호이다. 개량하지 않은 최초의 모델은 항상 A를 부여받으며, 이후에는 개량될 때마다 알파벳 순서대로 부호가 붙게 된다.

**41.** 윗글을 근거로 판단할 때, 〈보기〉에서 항공기 식별코드 중 앞부분 코드로 구성 가능한 것을 모두 고르면?

| ㉠ KK | ㉡ GBCV |
|---|---|
| ㉢ CAH | ㉣ R |

① ㉠
② ㉠, ㉡
③ ㉡, ㉢
④ ㉡, ㉢, ㉣

**42.** 윗글을 근거로 판단할 때, '현재 정상적으로 사용 중인 개량하지 않은 일반 비행기'의 식별코드 형식으로 옳은 것은?

① (기본임무부호) − (설계번호)
② (기본임무부호) − (개량형부호)
③ (기본임무부호) − (설계번호)(개량형부호)
④ (현재상태부호)(특수임무부호) − (설계번호)(개량형부호)

**43.** T회사에서 근무하고 있는 N씨는 엑셀을 이용하여 작업을 하고자 한다. 엑셀에서 바로 가기 키에 대한 설명이 다음과 같을 때 괄호 안에 들어갈 내용으로 알맞은 것은?

통합 문서 내에서 ( ㉠ ) 키는 다음 워크시트로 이동하고 ( ㉡ ) 키는 이전 워크시트로 이동한다.

| | ㉠ | ㉡ |
|---|---|---|
| ① | 〈Ctrl〉 + 〈Page Down〉 | 〈Ctrl〉 + 〈Page Up〉 |
| ② | 〈Shift〉 + 〈Page Down〉 | 〈Shift〉 + 〈Page Up〉 |
| ③ | 〈Tab〉 + ← | 〈Tab〉 + → |
| ④ | 〈Alt〉 + 〈Shift〉 + ↑ | 〈Alt〉 + 〈Shift〉 + ↓ |

**44.** 다음 워크시트에서 영업2부의 보험실적 합계를 구하고자 할 때, [G2] 셀에 입력할 수식으로 옳은 것은?

| | A | B | C | D | E | F | G |
|---|---|---|---|---|---|---|---|
| 1 | 성명 | 부서 | 성별 | 보험실적 | | 부서 | 보험실적 합계 |
| 2 | 윤진주 | 영업1부 | 여 | 13 | | 영업2부 | |
| 3 | 임성민 | 영업2부 | 남 | 12 | | | |
| 4 | 김옥순 | 영업1부 | 여 | 15 | | | |
| 5 | 김은지 | 영업3부 | 여 | 20 | | | |
| 6 | 최준오 | 영업2부 | 남 | 8 | | | |
| 7 | 윤한성 | 영업3부 | 남 | 9 | | | |
| 8 | 하은영 | 영업2부 | 여 | 11 | | | |
| 9 | 남영호 | 영업1부 | 남 | 17 | | | |

① =DSUM(A1:D9,3,F1:F2)

② =DSUM(A1:D9,"보험실적",F1:F2)

③ =DSUM(A1:D9,"보험실적",F1:F3)

④ =SUM(A1:D9,"보험실적",F1:F2)

**45.** 다음의 알고리즘에서 인쇄되는 S는?

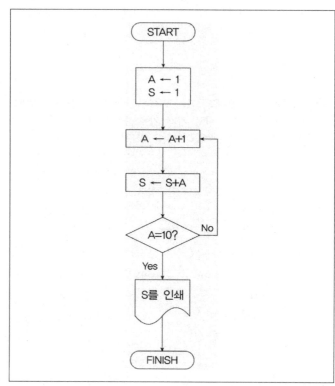

① 36          ② 45

③ 55          ④ 66

**46.** 다음 워크시트에서 [A2] 셀 값을 소수점 첫째자리에서 반올림하여 [B2] 셀에 나타내도록 하고자 한다. [B2] 셀에 알맞은 함수식은?

| | A | B |
|---|---|---|
| 1 | 숫자 | 반올림한 값 |
| 2 | 987.9 | |
| 3 | 247.6 | |
| 4 | 864.4 | |
| 5 | 69.3 | |
| 6 | 149.5 | |
| 7 | 75.9 | |

① ROUND(A2, -1)

② ROUND(A2, 0)

③ ROUNDDOWN(A2, 0)

④ ROUNDUP(A2, -1)

**47.** 길동이는 이번 달 사용한 카드 사용금액을 시기별, 항목별로 다음과 같이 정리하였다. 항목별 단가를 확인한 후 D2 셀에 함수식을 넣어 D5까지 드래그를 하여 결과값을 알아보고자 한다. 길동이가 D2 셀에 입력해야 할 함수식으로 적절한 것은 어느 것인가?

| | A | B | C | D |
|---|---|---|---|---|
| 1 | 시기 | 항목 | 횟수 | 사용금액(원) |
| 2 | 1주 | 식비 | 10 | |
| 3 | 2주 | 의류구입 | 3 | |
| 4 | 3주 | 교통비 | 12 | |
| 5 | 4주 | 식비 | 8 | |
| 6 | | | | |
| 7 | 항목 | 단가 | | |
| 8 | 식비 | 6500 | | |
| 9 | 의류구입 | 43000 | | |
| 10 | 교통비 | 3500 | | |

① =C2*HLOOKUP(B2,$A$8:$B$10,2,0)

② =B2*HLOOKUP(C2,$A$8:$B$10,2,0)

③ =B2*VLOOKUP(B2,$A$8:$B$10,2,0)

④ =C2*VLOOKUP(B2,$A$8:$B$10,2,0)

**48.** 다음 그림에서 A6 셀에 수식 '=$A$1+$A2'를 입력한 후 다시 A6 셀을 복사하여 C6와 C8에 각각 붙여넣기를 하였을 경우, (A)와 (B)에 나타나게 되는 숫자의 합은 얼마인가?

| | A | B | C |
|---|---|---|---|
| 1 | 7 | 2 | 8 |
| 2 | 3 | 3 | 8 |
| 3 | 1 | 5 | 7 |
| 4 | 2 | 5 | 2 |
| 5 | | | |
| 6 | | | (A) |
| 7 | | | |
| 8 | | | (B) |

① 12　　　　　　　　② 14
③ 16　　　　　　　　④ 19

**49.** 다음 ㈎~㈑ 중 '인쇄 미리 보기'와 출력에 대한 옳지 않은 설명을 모두 고른 것은?

㈎ '인쇄 미리 보기'를 실행한 상태에서 '페이지 설정'을 클릭하여 '여백' 탭에서 여백을 조절할 수 있다.
㈏ '인쇄 미리 보기' 창에서 셀 너비를 조절할 수 있으나 워크시트에는 변경된 너비가 적용되지 않는다.
㈐ 엑셀에서 그림을 시트 배경으로 사용하면 화면에 표시된 형태로 시트 배경이 인쇄된다.
㈑ 차트를 선택하고 '인쇄 미리 보기'를 하면 차트만 보여 준다.
㈒ 차트를 클릭한 후 'Office 단추' – '인쇄'를 선택하면 '인쇄' 대화 상자의 인쇄 대상이 '선택한 차트'로 지정된다.

① ㈎, ㈏, ㈑　　　　② ㈏, ㈑, ㈒
③ ㈏, ㈐　　　　　　④ ㈎, ㈐

**50.** 다음 중 아래와 같은 자료의 '기록(초)' 필드를 이용하여 최길동의 순위를 계산하고자 할 때 C3에 들어갈 함수식으로 올바른 것은?

| | A | B | C |
|---|---|---|---|
| 1 | 이름 | 기록(초) | 순위 |
| 2 | 김길동 | 53 | 3 |
| 3 | 최길동 | 59 | 4 |
| 4 | 박길동 | 51 | 1 |
| 5 | 이길동 | 52 | 2 |
| 6 | | | |

① =RANK(B3,$B$2:$B$5,1)

② =RANK(B3,$B$2:$B$5,0)

③ =RANK(B3,$B$2:B5,1)

④ =RANK(B3,B2:$B$5,0)

**51.** "4차 산업혁명 시대의 직업윤리 교육의 방향(교육철학연구, 제41권, 2019, 김은우/유재봉)"의 논문에서 저자들은 4차 산업혁명으로 인해 사람을 기계의 일부로 봄으로써 윤리 규범을 붕괴시킬 우려를 언급하기도 했다. 다음의 사례는 테일러의 과학적 관리론에 관한 사례를 제시한 것이다. 아래의 글을 읽고 4차 산업혁명 시대의 직업윤리로서 인간을 기계의 일부분으로 취급하는 과학적 관리론으로 인해 나타나는 내용 중 옳지 않은 것을 고르면?

자본주의 경제는 '비효율과의 전쟁'을 통해 발전해왔다. 초기에 비효율은 삼림 파괴, 수(水)자원 낭비, 탄광 개발 남발 등 주로 자원과 관련한 문제였다. 프레드릭 테일러(Frederick Taylor · 1856~1915)는 사람의 노력이 낭비되고 있다는 데 처음으로 주목했다. 효율적인 국가를 건설하려면 산업 현장에서 매일 반복되는 실수, 잘못된 지시, 노사 갈등을 해결하는 데서 출발해야 한다고 믿었다. 노사가 협업해 과학적인 생산 방법으로 생산성을 끌어올리면 분배의 공평성도 달성할 수 있다고 주장했다. 그가 이런 생각을 체계적으로 정리한 책이 《과학적 관리법》(1911년)이다.

테일러는 고등학교 졸업 후 공장에 들어가 공장장 자리에까지 오른 현장 전문가였다. 그는 30년간 과학적 관리법 보급을 위해 노력했지만 노동자로부터는 "초시계를 이용해 노동자를 착취한다"고, 기업가로부터는 "우리를 눈먼 돼지로 보느냐"고 비난받았다. 그러나 그는 과학적 관리법이 노사 모두에 도움이 되기 때문에 결국 널리 퍼질 것으로 확신했다. 훗날 과학적 관리법은 '테일러리즘(Taylorism)'으로 불리며 현대 경영학의 뿌리가 됐다. 1900년대 영국과 미국에선 공장 근로자의 근무태만이 만연했다. 노동조합도 "노동자가 너무 많은 일을 하면 다른 사람의 일자리를 뺏을 수 있다"며 '적은 노동'을 권했다. 전체 생산량에 따라 임금을 주니 특별히 일을 더 많이 할 이유도 없었다.

① 조직목표인 능률성 향상과 개인목표인 인간의 행복 추구 사이에는 궁극적으로 양립·조화 관계로 인식하였다.

② 작업 계층의 효율적인 관리를 위해 하위 계층 관리만을 연구대상으로 하고 인간을 목표 달성을 위한 조종 대상으로 보았다.

③ 타인에 의한 내부적인 동기부여가 효율적이라고 생각한다.

④ 조직 외적 환경과의 상호작용을 경시하고 조직을 개방체제가 아닌 폐쇄체제로 인식하였다.

**52.** 다음 사례에서 파악할 수 있는 민수씨의 직업의식으로 적절한 것을 〈보기〉에서 고른 것은?

> 신발 회사의 대표를 맡고 있는 민수씨는 최고의 구두를 만들겠다는 일념으로 세계 유명 구두 디자인에 대한 사례 연구를 통해 독창적인 모델을 출시하여 대성공을 거두었다. 또한 민수씨는 회사 경영에 있어서도 인화와 협동을 중시하여 직원들을 대상으로 가족 초청 어버이날 행사, 단체 체육대회 등 노사가 함께하는 행사를 개최하여 유대를 강화하고 있다.

〈보기〉
㉠ 전문 의식     ㉡ 귀속 의식
㉢ 연대 의식     ㉣ 귀천 의식

① ㉠, ㉡
② ㉠, ㉢
③ ㉡, ㉢
④ ㉡, ㉣

**53.** 다음 수철씨의 진로 선택 사례에서 알 수 있는 내용으로 옳은 것을 모두 고른 것은?

> 특성화 고등학교 출신인 A 씨는 자신의 진로 유형 검사가 기계적 기술이나 신체적 운동을 요구하는 업무에 적합한 유형으로 나온 것을 고려하여 ○○ 기업 항공기 정비원으로 입사하였다. 또한 A 씨는 보수나 지위에 상관없이 사회 구성원의 일원으로서 긍지와 자부심을 갖고 최선을 다해 일하고 있다.

> ㉠ 직업에 대해 소명 의식을 가지고 있다.
> ㉡ 홀랜드의 직업 흥미 유형 중 관습적 유형에 해당한다.
> ㉢ 직업의 개인적 의의보다 경제적 의의를 중요시하고 있다.
> ㉣ 한국 표준 직업 분류 중 기능원 및 관련 기능 종사자에 해당한다.

① ㉠, ㉡
② ㉠, ㉣
③ ㉡, ㉢
④ ㉡, ㉣

**54.** 당신은 국민연금공단 입사 지원자이다. 서류전형 통과 후, NCS 기반의 면접을 보기 위해 면접장에 들어가 있는데, 면접관이 당신에게 다음과 같은 질문을 하였다. 다음 중 면접관의 질문에 대한 당신의 대답으로 가장 적절한 것은?

> 면접관 : 최근 많은 회사들이 윤리경영을 핵심 가치로 내세우며, 개혁을 단행하고 있습니다. 그건 저희 회사도 마찬가지입니다. 윤리경영을 단행하고 있는 저희 회사에 도움이 될 만한 개인 사례를 말씀해 주시기 바랍니다.
> 당신 : (                           )

① 저는 시간관념이 철저하므로 회의에 늦은 적이 한 번도 없습니다.
② 저는 총학생회장을 역임하면서, 맡은 바 책임이라는 것이 무엇인지 잘 알고 있습니다.
③ 저는 상담사를 준비한 적이 있어서, 타인의 말을 귀 기울여 듣는 것이 얼마나 중요한지 알고 있습니다.
④ 저는 모든 일이 투명하게 이뤄져야 한다고 생각합니다. 그래서 어린 시절 반에서 괴롭힘을 당하는 친구가 있으면 일단 선생님께 말씀드리곤 했습니다.

**55.** (개, (내)의 사례에 나타난 직업관의 유형으로 옳은 것은?

> (개) 힘들고, 위험한 일을 기피하는 현상 때문에 노동력은 풍부하지만 생산인력은 부족한 실정이다. 하지만 주윤발씨는 개인의 소질, 능력, 성취도를 최우선으로 하고 있어 생산직 사원 모집 광고를 보고 원서를 제출하였다.
> (내) 사장은 장비씨의 연로한 나이와 그의 성실성을 고려하여 근무시간을 줄여 주고 월급도 50 % 인상해 주었다. 그러자 장비씨는 회사에 사표를 내고 다른 직장으로 이직을 원하였다. 이에 사장이 그만두는 이유를 묻자 "저는 돈을 벌기 위하여 일을 하는 것이 아니라 남은 인생을 될 수 있는 한 많은 사람을 위해 일하고 싶은 것인데, 근무 시간이 줄어들었으니 그만둘 수밖에 없습니다."라고 대답하였다.

| | (개) | (내) |
|---|---|---|
| ① | 업적주의적 직업관 | 개인중심적 직업관 |
| ② | 업적주의적 직업관 | 귀속주의적 직업관 |
| ③ | 귀속주의적 직업관 | 결과지향적 직업관 |
| ④ | 귀속주의적 직업관 | 개인중심적 직업관 |

**56.** 다음은 직업윤리에 대한 강좌에서 강사와 수강생들의 대화이다. 강사의 질문에 대한 답변으로 옳은 것만을 모두 고른 것은?

> 수강생 A : 직업 일반 윤리는 직업을 가지고 있는 모든 사람이 지켜야 할 도리입니다.
> 수강생 B : 직업별 윤리는 각각의 직업에 종사하는 직업인에게 요구되는 윤리적 규범을 말합니다.
> 강사 : 그럼 직업별 윤리에는 어떤 것이 있을까요?

> ㉠ 봉사, 책임 등의 공동체 윤리
> ㉡ 노사 관계 안에서의 근로자 및 기업가의 윤리
> ㉢ 직종별 특성에 맞는 법률, 규칙, 선언문, 윤리 요강

① ㉠
② ㉡
③ ㉠, ㉢
④ ㉡, ㉢

**57.** 다음 중 근로윤리에 관한 설명으로 옳지 않은 것은?

① 정직은 신뢰를 형성하는 데 기본적인 규범이다.
② 정직은 부정직한 관행을 인정하지 않는다.
③ 신용을 위해 동료와 타협하여 부정직을 눈감아준다.
④ 신용을 위해 잘못된 것도 정직하게 밝혀야 한다.

**58.** 원모는 입사 후 처음으로 회사의 회식에 참여하게 되었다. 하지만 사회생활이 처음인 원모에게 모든 것이 낯선 상황이다. 다음은 원모가 소속 중인 회사의 회식 및 음주예절에 관한 내용인데 아래의 선택지는 원모가 각 상황별로 해야 하는 행동이다. 이 중 가장 바르지 않은 것을 고르면?

① 술잔은 상위자에게 먼저 권하고 경우에 따라서 무릎을 꿇거나 또는 서서 잔을 따른다.
② 술을 마시지 않더라도 술잔을 입에 대었다가 내려놓는다.
③ 만약의 경우 선약이 있어서 중간에 회식자리를 떠날 시에는 사전 또는 중간에 상위자에게 보고하고 이석한다.
④ 건배 시에 잔을 부딪칠 때에는 상위자의 술잔보다 높게 들어야 한다.

**59.** K사는 기업 윤리경영과 관련하여 외부 감사기관의 감사를 받게 되었다. 피감기관에 대한 외부 감사기관의 감사 보고서에 기재된 다음 보기와 같은 내용 중 윤리경영에 어긋나는 사항이라고 볼 수 없는 것은?

① 계약 성사를 위해 정부 해당 기관 인사들을 만나 식사 자리에서 청탁을 하였다.
② 일부 수익을 이전하여 막대한 세금을 줄일 수 있었다.
③ 품질저하를 무릅쓰고 비용절감을 통해 수익성을 유지하였다.
④ 기업 운영비용을 절감하기 위하여 느슨한 업무 조직을 통합하였다.

**60.** 직업인은 외근 등의 사유로 종종 자동차를 활용하곤 한다. 다음은 자동차 탑승 시에 대한 예절 및 윤리에 관한 설명이다. 이 중 가장 옳지 않은 것을 고르면?

① 승용차에서는 윗사람이 먼저 타고 아랫사람이 나중에 타며 아랫사람은 윗사람의 승차를 도와준 후에 반대편 문을 활용해 승차한다.
② Jeep류의 차종인 경우 (문이 2개)에는 운전석의 뒷자리가 상석이 된다.
③ 운전자의 부인이 탈 경우에는 운전석 옆자리가 부인석이 된다.
④ 자가용의 차주가 직접 운전을 할 시에 운전자의 오른 좌석에 나란히 앉아 주는 것이 매너이다.

**1.** 법의 해석에 있어서 "악법도 법이다."라는 말이 있는데, 이는 다음 어느 것을 나타내는가?

① 법의 윤리성
② 법의 강제성
③ 법의 타당성
④ 법의 규범성
⑤ 법의 실효성

**2.** 다음과 같은 법의 영역에 해당하지 않는 것은?

> 개인과 개인 사이의 사적인 생활 관계를 규율하는 법이다.

① 결혼을 하면 혼인 신고를 한다.
② 돈을 빌려주면 차용증을 받는다.
③ 사람이 죽으면 상속이 이루어진다.
④ 지지하는 국회의원 후보자에게 투표를 한다.
⑤ 집을 살 때는 등기소에서 등기를 한다.

**3.** 다음 헌법 조항을 통해 공통적으로 보장하고자 하는 기본권에 대한 설명으로 가장 적절한 것은?

> • 헌법 제31조 ① 모든 국민은 능력에 따라 균등하게 교육을 받을 권리를 가진다.
> • 헌법 제34조 ② 국가는 사회 보장 · 사회 복지의 증진에 노력할 의무를 진다.

① 국가 권력으로부터 간섭이나 침해를 받지 않을 권리이다.
② 국가에 대해 인간다운 생활을 요구할 수 있는 권리이다.
③ 기본권 보장을 위한 수단적 권리이다.
④ 시대와 장소에 관계없이 보장되는 권리이다.
⑤ 정치 과정에 능동적으로 참여할 수 있는 권리이다.

**4.** 그림은 민법의 기본 원리 변화 내용을 도식화한 것이다. 빈칸에 들어갈 내용으로 알맞은 것은?

| 근대 민법의 기본 원리 | | 근대 민법의 수정 원리 |
|---|---|---|
| 소유권 절대의 원칙 | → | 소유권 공공복리의 원칙 |
| 계약 자유의 원칙 | → | ㉠ |
| ㉡ | → | 무과실 책임의 원칙 |

| | ㉠ | ㉡ |
|---|---|---|
| ① | 계약 공정의 원칙 | 과실 책임의 원칙 |
| ② | 계약 공정의 원칙 | 사적 자치의 원칙 |
| ③ | 사유 재산권 존중의 원칙 | 자기 책임의 원칙 |
| ④ | 사유 재산권 존중의 원칙 | 사적 자치의 원칙 |
| ⑤ | 소유권 상대의 원칙 | 과실 책임의 원칙 |

**5.** 밑줄 친 문제에 대하여 우리나라 민법이 취하고 있는 관점으로 옳은 것은?

> 모든 자연인은 출생과 더불어 권리 능력을 가진다. 따라서 "어느 때를 출생한 것으로 볼 것인가?"하는 문제는 매우 중요하다.

① 수정설
② 잉태설
③ 진통설
④ 일부 노출설
⑤ 완전 노출설

**┃6~7┃** 심급 제도를 나타낸 다음 그림을 보고, 물음에 답하시오.

**6.** 그림에서 (가)를 담당하는 법원을 〈보기〉에서 고른 것은?

> 〈보기〉
> ㉠ 고등 법원     ㉡ 지방 법원 본원 합의부
> ㉢ 특허 법원     ㉣ 행정 법원

① ㉠㉡
② ㉠㉢
③ ㉡㉢
④ ㉡㉣
⑤ ㉢㉣

**7.** 그림의 (나)에 들어갈 내용으로 가장 적절한 것은?

① 항고
② 항소
③ 상고
④ 상소
⑤ 재항고

**8.** 다음 사례가 활용될 수 있는 연구 주제로 알맞은 것은?

> 연예인의 사생활에 대한 민영 방송사의 보도가 지나쳐 개인의 명예를 훼손하는 사례가 있다.

① 국가에 의한 프라이버시권 침해
② 방송 매체와 사회권의 관계
③ 방송사의 물권 현황
④ 언론보도와 개인의 인격권 침해
⑤ 언론에 대한 형벌권 행사의 한계

**9.** 다음에 나타난 평등 이념에 부합하는 내용을 〈보기〉에서 모두 고른 것은?

> 미국 뉴욕의 시의회는 여성이 남성보다 화장실 이용 시간이 길다는 점, 여성 화장실은 용변 외에 기저귀 갈기와 같은 육아와 관련된 용무가 많이 이루어진다는 점 등을 이유로 신축 공공건물의 여성 화장실 숫자를 남성 화장실 숫자의 2배로 해야 한다는 '여성 화장실 평등법'을 만장일치로 통과시켰다.

〈보기〉
㉠ 기업 구조 조정 시 남성을 우선 정리 해고한다.
㉡ 남성과 달리 여성의 야간 근로 종사를 엄격히 제한한다.
㉢ 남성에게는 주지 않는 생리 휴가를 여성에게만 준다.
㉣ 성과가 좋은 남성보다 성과가 낮은 여성에게 높은 성과급을 지급한다.

① ㉠㉡
② ㉠㉢
③ ㉡㉢
④ ㉡㉣
⑤ ㉢㉣

**10.** 다음 헌법 규정들이 추구하는 궁극적인 목적으로 가장 타당한 것은?

> • 사법권은 법관으로 구성된 법원에 속한다.
> • 법관은 헌법과 법률에 의거하여 양심에 따라 독립하여 심판한다.

① 국민의 기본권 보호
② 법관의 신분 보장
③ 사회질서의 유지
④ 행정부로부터의 독립성 확보
⑤ 형식적 평등 이념의 구현

**11.** 다음 (가), (나)에 대한 옳은 설명을 〈보기〉에서 모두 고른 것은?

> (가) 파업, 태업, 감시행위, 불매운동
> (나) 직장폐쇄

> ㉠ (가)는 법률에 의해 제한할 수 없으나, (나)는 그렇지 않다.
> ㉡ (가)는 사용자 측의 쟁의행위, (나)는 근로자 측의 쟁의행위에 해당한다.
> ㉢ (나)는 (가)에 대한 방어로서의 성격이 강하다.
> ㉣ 사전에 단체교섭을 실시하지 않고 이루어지는 (가)의 행위는 인정되지 않는다.

① ㉠㉡
② ㉠㉣
③ ㉡㉢
④ ㉡㉣
⑤ ㉢㉣

**12.** 다음의 법률 조항에 나타난 제도와 관련된 설명으로 옳지 않은 것은?

> 제1조(목적)  이 법은 환경 분쟁의 알선조정 및 재정의 절차 등을 규정함으로써 환경 분쟁을 신속공정하고 효율적으로 해결하여 환경을 보전하고 국민의 건강 및 재산상의 피해를 구제함을 목적으로 한다.

① 민사소송에 비해 비용이 적게 소요된다는 장점이 있다.
② 민사소송을 제기하기 위해 반드시 활용할 필요는 없다.
③ 법원이 아닌 행정기관의 판단에 의해 환경 분쟁이 해결된다.
④ 피해자가 피해 사실을 입증해야 한다는 문제점이 있다.
⑤ 환경오염 피해에 대한 공법적 구제 수단에 해당한다.

**13.** 다음 내용을 공통적으로 실현하기 위한 장치로 가장 적절한 것은?

> • 교과서를 선정할 때 특정 사상을 담고 있는 교과서의 사용을 배제한다.
> • 교육은 국가 권력이나 정치 세력으로부터 부당한 간섭을 받지 않고, 교육도 그 본연의 기능을 벗어나 정치 영역에 개입하지 않는다.
> • 교육이 특정 정치 이념이나 세계관의 주입 수단으로 이용되지 않는다.

① 교원의 단체활동권 보장
② 교원의 신분 보장
③ 교육의 자주성 보장
④ 교육의 전문성 보장
⑤ 교육의 중립성 보장

**14.** 정책의 구성요소에 해당되지 않는 것은?

① 정책목표
② 정책수단
③ 정책대상집단
④ 정책효과
⑤ 피해자집단과 수혜자집단

**15.** 비공식조직과 공식조직에 관한 설명으로 옳지 않은 것은?

① 비공식조직이 내재적 규율중심이라면 공식조직은 외재적 규율에 의존한다.
② 비공식조직이 이성적 조직이라면 공식조직은 감성적 조직이다.
③ 비공식조직이 가시적 조직이면 공식조직은 비가시적 조직이다.
④ 공식조직이 인위적 조직이라면 비공식조직은 자연발생적 조직이다.
⑤ 공식조직에는 능률의 논리가 작용한다면 비공식조직은 감정의 논리가 작용한다.

**16.** 관료제의 역기능으로 보기 어려운 것은?

① 전문화로 인한 무능
② 변화에 대한 수용
③ 수단과 목표의 전도
④ 형식주의
⑤ 동조과잉

**17.** 근무성적평정시 평정자의 태도와 관련하여 일어날 수 있는 오류가 아닌 것은?

① 헤일로효과
② 집중화
③ 관대화
④ 객관화
⑤ 선입견

**18.** 감축관리의 설명으로 옳지 않은 것은?

① 일몰법의 도입으로 기관 활동의 시한부를 정해두면 감축관리를 도모할 수 있다.
② 영기준예산제도도 감축관리의 일종으로 볼 수 있다.
③ 신규채용을 동결하게 되면 관료조직 저항은 감소하지만 효과적인 감축대응을 할 수 없다.
④ 축소할 부서를 미리 정해놓고 비슷한 비율로 줄이면 효율성은 감소되지만 기득권 피해는 최소화할 수 있다.
⑤ 감축관리가 지향하는 것은 비록 규모는 작지만 경쟁력을 갖춘 정부구현을 목표로 한다.

**19.** 지방자치제 실시에 대한 기대효과로 옳지 않은 것은?

① 지역간 협조체제를 강화한다.
② 행정의 전문성을 높인다.
③ 세수입을 효율적으로 사용할 수 있다.
④ 지역의 경쟁성과 창의성을 고양하는 데 기여한다.
⑤ 지역 내의 종합행정을 확보케 한다.

**20.** 다음 설명에 해당하는 것은?

> 이것은 불확실한 상황에서의 오류 발생가능성을 최소화하고 체제의 신뢰성을 높이기 위해 강조되는 행정가치이며, 여러 기관에서 한 가지 기능이 혼합되는 중첩성(overlapping)과 동일 기능이 여러 기관에서 독립적으로 수행되는 중복성(duplication) 등을 포괄하는 개념이다.

① 합리성(rationality)
② 효율성(efficiency)
③ 가외성(redundancy)
④ 민주성(democracy)
⑤ 효과성(effectiveness)

**21.** 다음 중 통합예산제도에 대한 설명으로 옳은 것은?

① 기금 및 공기업예산에 탄력성을 부여한다.
② 일반회계와 특별회계를 구분하지 않는 예산제도이다.
③ 재정이 국민소득·국제지수에 미치는 효과파악에 도움을 준다.
④ 비금융 공기업 및 각종 기금은 통합예산의 범위에서 제외된다.
⑤ 종합적인 재정운용상황 파악을 위해 자본적 지출과 경상적 지출을 통하여 편성한다.

**22.** 다음 중 행정에 사기업의 효율성을 접목시켜 시장기제의 과감한 도입을 강조한 이론은 무엇인가?

① 행정행태론      ② 발전행정론
③ 공공선택이론      ④ 대리인이론
⑤ 신관리주의

**23.** 다음 중 매트릭스조직에 대한 설명으로 옳지 않은 것은?

① 커뮤니케이션을 활성화한다.
② 명령계통을 일원화하고 권한과 책임한계를 분명히 한다.
③ 복합구조를 지닌다.
④ 기능조직과 Project Team을 혼합한 동태적 조직이다.
⑤ 자아실현욕구의 충족에 기여한다.

**24.** 다음 중 정보화와 수요자 중심의 패러다임의 추세에 대응하는 연성행정조직의 특징이 아닌 것은?

① 개방적이고 능동적이다.
② 실패의 위험성을 감내한다.
③ Y이론에 입각한 대인관계를 중시한다.
④ 공식화·표준화의 정도가 낮다.
⑤ 문제제기형 분업시스템이 골격을 이루고 있다.

**25.** 다음 설명 중 행태론적 접근방법과 가장 관계가 없는 것은?

① 행정의 실체는 제도나 법률이다.
② 가치중립성을 지킨다.
③ 연구의 초점은 행정인의 형태이다.
④ 사회현상도 자연과학과 같이 과학적 연구가 가능하다.
⑤ 인식론적 근거로서 논리실증주의를 신봉한다.

**26.** 다음 중 광역행정에 대한 내용으로 옳지 않은 것은?

① 규모의 경제가 발생하지 않는 사무의 처리에 효과적이다.
② 지방분권화로 인한 의사결정의 비효율성이 방지된다.
③ 지역간의 격차가 심화되는 것을 완화시켜 준다.
④ 교통·통신의 발달로 인하여 그 필요성이 증가하고 있다.
⑤ 지방행정협의회, 지방자치단체조합, 사무위탁에 대한 규정이 있다.

**27.** 다음 중 다국적기업에 대한 특징으로 옳은 것을 모두 고르면?

> ㉠ 국제협력체제의 실행
> ㉡ 기업조직구조에서의 집권화
> ㉢ 물적구성의 다국적성
> ㉣ 경영활동에 있어서의 세계지향성
> ㉤ 이윤의 현지 기업에 대한 재투자성

① ㉠㉢㉣            ② ㉠㉣㉤
③ ㉡㉢㉣            ④ ㉡㉣㉤
⑤ ㉢㉣㉤

**28.** 다음의 설명들 중에서 가장 옳지 않은 것을 고르면?

① 공식조직은 계획적이고 의도적으로 구성요소 간 합리적 관계패턴을 공식적으로 확립시키기 위해 만든 조직이라 할 수 있다.

② 공식조직을 구성함에 있어서는 기능의 분화와 지위의 형성, 직위에 대한 권한 및 책임의 한계 등을 명시적으로 규정화하는 것 등이 문제가 된다.

③ 비공식 조직은 소집단의 성질을 띠며, 조직 구성원들은 서로 밀접한 관계를 형성한다.

④ 비공식 조직의 구성원들은 이성적 관계 및 단체적 접촉이다.

⑤ 비공식 조직에서는 비공식적인 가치관, 규범, 기대 및 목표를 가지고 있으며, 조직의 목표 달성에 큰 영향을 미친다.

**29.** 다음 중 매슬로우의 욕구 5단계설에 대한 설명으로 옳지 않은 것은?

① 1단계는 생리적 욕구로서 인간의 의, 식, 주와 관련한 것으로 가장 고차원적인 욕구단계이다.

② 2단계는 안전의 욕구로서 안전 및 생활의 안정과 같은 욕구를 의미한다.

③ 3단계는 소속감의 욕구로서 집단이나 사회의 일원으로 소속되어 타인과 유대관계를 형성하고 어울리고 싶어 하는 욕구라 할 수 있다.

④ 4단계는 존경의 욕구로서 다른 조직구성원으로부터 존경이나 인정을 받고 싶은 욕구 단계이다.

⑤ 5단계는 자아실현의 욕구로서 자기개발을 위해서 자신의 잠재력을 극대화하려는 욕구가 생기는데 더욱 더 자기 본래의 모습을 찾거나 생의 의미를 실현하기 위해 행동하는 욕구의 단계라 할 수 있다.

**30.** 다음 중 기대이론의 한계점에 대한 설명으로 바르지 않은 것은?

① 행동으로 인해 나타나는 결과의 가치부여 정도는 주관적이라 사람들마다 다르다.

② 내용 구성이 단순해서 검증자체가 용이하다.

③ 사람은 완전하게 합리적이거나 과학적이지 못하다.

④ 만족이 큰 쪽으로 동기 부여되는 쾌락주의 가정은 행위에 대한 바른 설명이 되지 못한다.

⑤ 사람이 합리성에 근거해 결과, 확률을 예측한 후 행동할 거라는 기대이론 학자의 의견을 그대로 따르기는 어렵다.

**31.** 일정한 목적을 효과적으로 달성하기 위한 몇 가지 대체안 중에서 가장 유리하고 실행 가능한 최적 대안을 선택하는 인간행동을 무엇이라고 하는가?

① 문제인식　　　　　　② 피드백

③ 대안탐색　　　　　　④ 대안평가

⑤ 의사결정

**32.** 다음 중 델파이법(Delphi Method)에 대한 설명으로 바르지 않은 것은?

① 델파이법은 가능성 있는 미래기술개발 방향과 시기 등에 대한 정보를 취득하기 위한 방식이다.

② 델파이법은 생산예측의 방법 중에서 인과적 방법에 해당하는 방식이다.

③ 주로 집단의 의견들을 조정 및 통합하거나 개선시키기 위해 활용한다.

④ 델파이법은 회합 시에 발생하기 쉬운 심리적 편기의 배제가 가능하다.

⑤ 델파이법은 회답자들에 따른 가중치를 부여하기 어렵다는 단점이 있다.

**33.** 다음 중 신제품 가격결정전략에 대한 설명으로 가장 옳지 않은 것은?

① 고가격전략이 효과적인 경우는 자사가 목표로 하는 고객이 고소득층이어서 가격보다는 품질을 우선시 할 때이다.

② 초기 고가격전략은 자사의 신제품이 타사에 비해 높은 우위를 점할 때 효율적으로 적용시킬 수 있다.

③ 하이테크 제품이나 핸드폰 등에서 초기 고가격전략이 효과적이라 할 수 있다.

④ 침투가격전략은 이익수준이 높으므로 타사의 시장진입을 쉽게 하는 요소로 작용한다.

⑤ 침투가격전략의 경우 마케팅 비용 및 대량생산을 감소시키는 이점이 있다.

**34.** 다음 중 종합적 품질관리를 뜻하는 것은?

① TQC

② OR

③ LP

④ PR

⑤ VE

**35.** 다음 법정 복지후생제도 중 구성원이 실업자가 된 경우에 생활에 필요한 급여를 제공함으로써 그들의 삶의 안정 및 구직활동을 돕는 매개체 역할을 하는 것은?

① 산업재해보험　　　　② 국민건강보험

③ 국민연금보험　　　　④ 고용보험

⑤ 경조사 지원

**36.** 다음의 내용들 중에서 기업공개에 대한 설명으로 가장 거리가 먼 것은?

① 주주들로부터 간접금융방식에 의해 소규모의 단기자본을 용이하게 조달할 수 있다.

② 독점 및 소유 집중 현상의 개선이 가능하다

③ 공개기업 종업원들의 사기를 높일 수 있다.

④ 투자자들에게 재산운용수단을 제공하게 된다.

⑤ 기업의 공신력이 제고되는 이점이 있다.

**37.** 다음 중 코스닥 시장에 관련한 내용으로 가장 옳지 않은 것은?

① 코스닥 시장은 한국증권업협회가 운영하는 유통시장으로 거래소 없이 네트워크 시스템에 의해 주식거래가 이루어진다.

② 독립적이면서 서로 경쟁관계에 있는 독립시장을 형성하고 있다.

③ 성장가능성이 높은 벤처기업 또는 중소기업의 자금조달이 가능하도록 하게 하는 성장기업 중심의 시장이라 할 수 있다.

④ 투자자들의 본인책임의 원칙이 상당히 강조되는 시장이다.

⑤ 우량종목의 발굴에 대한 증권사의 선별기능은 중시되지 않는 시장이라 할 수 있다.

**38.** 그림은 경제 활동의 흐름을 나타낸 것이다. 이에 대한 설명으로 옳은 것은?

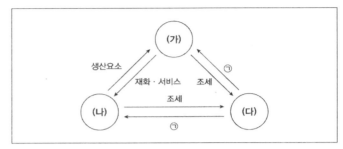

① ㉠은 공공재나 공공서비스이다.

② (가)는 정부이다.

③ (가)는 효용극대화를 추구한다.

④ (나)는 기업이다.

⑤ (나)는 이윤 극대화를 추구한다.

**39.** 다음 사례들을 종합하여 내린 결론으로 가장 적절한 것은?

- 빵보다 귀금속이 비싸다.
- 사막에서의 물은 강가에서의 물보다 비싸다.
- 중세시대의 석탄은 '검은 돌' 정도로 생각되었으나, 현대의 석탄은 경제적 가치를 가지고 있다.

① 가격은 재화의 희소성에 의해 결정된다.

② 사용 가치가 높을수록 재화의 가격도 높다.

③ 자원이 희소하다고 해서 반드시 유용한 것은 아니다.

④ 재화가 유용할수록 희소해진다.

⑤ 재화의 희소성은 시대의 변화에 따라 달라진다.

**40.** 다음과 같은 상황에서 기업이 선택할 전략으로 옳은 것을 〈보기〉에서 모두 고른 것은?

> • 소비자가 세계 상품과 쉽게 접하게 되었다.
> • 소비자가 생산에 미치는 영향력이 확대되었다.

> 〈보기〉
> ㉠ 기술 혁신을 통해 생산비를 절감한다.
> ㉡ 높은 가격을 받는 정책으로 전환한다.
> ㉢ 소비자의 요구를 충족시킬 수 있는 제품을 생산한다.
> ㉣ 이윤보다는 공익을 추구한다.

① ㉠㉡        ② ㉠㉢
③ ㉡㉢        ④ ㉡㉣
⑤ ㉢㉣

**41.** 다음 표는 어떤 재화의 가격에 따른 수요량과 공급량을 나타내고 있다. 정부가 최고 가격을 1,200원으로 정하였을 때 시장 상황에 대한 설명으로 옳은 것은?

| 가격(원) | 수요량(개) | 공급량(개) |
|---|---|---|
| 1,000 | 800 | 300 |
| 1,200 | 600 | 350 |
| 1,400 | 400 | 400 |
| 1,600 | 200 | 450 |
| 1,800 | 100 | 500 |

① 초과 수요량이 250개가 된다.
② 초과 공급량이 350개가 된다.
③ 초과 수요량이 600개가 된다.
④ 초과 공급량이 400개가 된다.
⑤ 수요량과 공급량이 400개로 일치한다.

**42.** 다음 글에서 밑줄 친 행동이 경제 사회에 미칠 영향으로 볼 수 있는 것은?

> 같은 업종에 종사하는 사람들끼리 만나면 그들의 대화는 항상 공공의 이익에 반하는 어떤 공모 또는 가격 인상을 도모하는 내용으로 끝난다.
> – 애덤 스미스 –

① 규모의 경제 달성이 어려워진다.
② 소비자의 영향력이 강화된다.
③ 소품종 대량 생산 방식이 확대된다.
④ 시장 기능의 효율성을 떨어뜨린다.
⑤ 재화의 과다 생산을 초래한다.

**43.** 다음 글에서 갑국의 경제적 변화를 바르게 예측하지 못한 것은?

> 갑국에서는 그 동안 자율적으로 임금이 결정되었으나, 최근 최저 임금제를 실시하기로 하였다.

① 경제적 형평성이 높아질 것이다.
② 노동의 초과 공급이 발생할 것이다.
③ 시장에서 실업자가 늘어날 것이다.
④ 시장의 자원 배분 기능이 위축될 것이다.
⑤ 임금이 큰 폭으로 하락하게 될 것이다.

**44.** 다음 글에 나타난 경제 현상의 영향으로 가장 적절한 것은?

> 사람들은 임금을 받자마자 상점으로 달려가 물건을 산다. 조금이라도 지체하면 살 수 있는 물건의 양이 줄어들기 때문이다. 하루에도 몇 십 차례씩 가격표를 바꿔 쓰던 상점 주인들도 이제 더 이상 가격표를 붙이지 않는다.

① 국제수지가 호전된다.
② 생산 활동이 활발해진다.
③ 소비가 감소한다.
④ 연금 생활자의 실질 소득이 증가한다.
⑤ 채무자에 비해 채권자는 불리해진다.

**45.** 국민소득 중 민간부분이 차지하는 비중이 증가하여 왔다. 민간투자에 대한 설명으로 가장 알맞지 않은 것은?

① 생산에 필요한 장비, 설비 및 건물, 토지를 설비투자라 한다.
② 거주하기 위하여 구매한 신규주택은 주택투자에 포함한다.
③ 원자재 및 중간재, 최종재로 창고에 보관중인 재화를 재고투자라 한다.
④ 소득과 이자율의 영향을 받지 않는 투자를 독립투자라 한다.
⑤ 소득수준에 영향을 받는 투자를 유발투자라 한다.

**46.** 다음 중 경상수지를 변동시키는 활동에 포함되지 않는 것은?

① 국내 프로 축구팀에서 뛰고 있는 외국인선수의 자국으로의 연봉 송금
② 반도체와 휴대폰 수출
③ 외국인의 국내 증권 투자
④ 터키 지진 난민에 대한 구호 기금 지출
⑤ 한류 열풍으로 입국한 일본인 관광객의 여행비 지출

**47.** 다음 중 유동성선호란 무엇인가?

① 현금을 빌리고 이자를 받으려는 경향
② 상품을 현금으로 사려는 경향
③ 현금을 기업에 투자하려는 경향
④ 자산을 현금으로 보유하려는 경향
⑤ 현금보다는 부동산을 소유하려는 경향

**48.** 사회보장의 기능과 형평성에 대한 설명으로 옳지 않은 것은?

① 사회보장제도는 소득의 재분배를 통한 국민의 생존권의 실현과 최저생활 확보를 전제로 한다.
② 소득재분배의 형태는 수직적, 수평적, 세대 간 재분배의 세 가지로 구분할 수 있다.
③ 수직적 재분배는 소득이 높은 계층으로부터 낮은 계층으로 재분배되는 것으로 분배의 형평성을 지향한다.
④ 공적연금제도는 수평적 재분배의 대표적 예라고 할 수 있다.
⑤ 사회보장제도 중 공공부조는 보험료를 부담할 능력이 없는 빈곤자에게 국가가 모든 비용을 부담하는 것이다.

**49.** 고용보험법상 취업촉진수당에 해당하지 않는 것은?

① 조기재취업 수당
② 직업능력개발 수당
③ 광역 구직활동비
④ 이주비
⑤ 구직급여

**50.** 연금제도의 특성으로 옳은 것을 모두 고르면?

| ㉠ 단기성 | ㉡ 안정성 |
|---|---|
| ㉢ 공공성 | ㉣ 자율성 |
| ㉤ 수익성 | ㉥ 전문성 |

① ㉠㉡㉢㉥
② ㉠㉢㉤㉥
③ ㉡㉢㉤㉥
④ ㉡㉢㉣㉥
⑤ ㉢㉣㉤㉥